BEI GRIN MACHT SICH IHR WISSEN BEZAHLT

AF138306

- Wir veröffentlichen Ihre Hausarbeit, Bachelor- und Masterarbeit

- Ihr eigenes eBook und Buch - weltweit in allen wichtigen Shops

- Verdienen Sie an jedem Verkauf

Jetzt bei www.GRIN.com hochladen und kostenlos publizieren

Individuelle Ausdauertrainingsplanung zur Gewichtsreduktion und Leistungssteigerung

Bibliografische Information der Deutschen Nationalbibliothek:

Die Deutsche Nationalbibliothek verzeichnet diese Publikation in der Deutschen Nationalbibliografie; detaillierte bibliografische Daten sind im Internet über http://dnb.d-nb.de abrufbar.

ISBN: 9783389022412
Dieses Buch ist auch als E-Book erhältlich.

© GRIN Publishing GmbH
Trappentreustraße 1
80339 München

Druck und Bindung: Books on Demand GmbH, Norderstedt Germany
Gedruckt auf säurefreiem Papier aus verantwortungsvollen Quellen

Das Buch bei GRIN: https://www.grin.com/document/1469012

Inhaltsverzeichnis

1 Diagnose

1.1 Allgemeine und biometrische Daten

Tab.1: Allgemeine und biometrische Daten (eigene Darstellung)

Daten zur Person	Werten zur Person
Alter	23 Jahre
Geschlecht	Männlich
Körpergewicht	70 kg
Körpergröße	185 cm
Trainingsmotive	1. Gewichtsreduktion 2. Ausdauerleistungsfähigkeit verbessern
Beruf	Student
Frühere sportliche Aktivitäten	- 3-5x pro Woche Krafttraining - Dehnungsübungen - Joggen
aktuelle Aktivitäten	- 2x pro Woche Ausdauertraining - Basketball spielen
Zeitlicher Verfügungsrahmen	3 - 4x pro Woche für jeweils ca. 1 std.
Ruhepuls	60 S/min
Blutdruck	123/85 mmHg
Gesundheitszustand	Keine Beschwerden

Tab.2: Normwerte und Klassifikationen Ruhepuls (modifiziert nach Weineck, 2003)

Normwerte	Testperson	Klassifizierung
< 50 S/min	-	Leistungssportler
50 - 60 S/min	60 S/min	Gut trainierter Sportler
60 - 80 S/min		Durchschnittsbürger

Anhand der Normwerte (siehe Tab. 2) wird die Testperson als Durchschnittsbürger bewertet.

Tab.3: Blutdruckklassifizierung der American Heart Association (modifiziert nach Williams et al., 2018, S.3030)

Wertung	Systolischer Blutdruck	Diastolischer Blutdruck	Testperson
Optimal	< 120 mmHg	< 80 mmHg	
Normal	< 130 mmHg	< 85 mmHg	123 / 85 mm Hg
Hochnormal	130 - 139 mmHg	85 - 89 mmHg	
Hypertonie Stufe 1	140 - 159 mmHg	90 - 99 mmHg	
Hypertonie Stufe 2	160 - 179 mmHg	100 - 109 mmHg	
Hypertonie Stufe 3	< 180 mmHg	< 110 mmHg	

Die Bewertung des Blutdrucks erfolgt anhand von Normwerten (siehe Tab. 3). Der Kunde hat mit einem Wert von 129/85 mmHg einen normalen Blutdruck, aber der diastolische Wert liegt nahe auf dem Hochnormal Wert.

1.2 Leistungsdiagnostik/Ausdauertestung

Um den gegenwärtigen Leistungsstand des Kunden zu bestimmen und einen adäquaten Trainingsplan zu entwickeln, ist eine Leistungsdiagnostik von großer Bedeutung. Darüber hinaus wird eine Ausdauertestung durchgeführt, um den individuellen Vergleich im Laufe der Zeit zu ermöglichen und für die Kontrolle des Trainingsfortschritts zu nutzen.

1.2.1 Begründung der Auswahl

Gemäß der vorliegenden Diagnose (siehe Tab. 1) wird die Testung der Ausdauerfähigkeit mittels einer submaximalen Belastung auf dem Fahrradergometer durchgeführt, wobei die Person aufgrund ihrer sportlichen Erfahrung und Trainingshäufigkeit als trainiert eingestuft wird und somit eine Grenzleistung von 150 Watt gewählt wird (Kettenis & Eifler, 2019, S. 73). Der Hollmann-Venrath-Test wird als Testverfahren genutzt, um den aktuellen Zustand der

Ausdauerleistungsfähigkeit der Person zu ermitteln. Dieser Test beinhaltet einen Stufentest auf dem Fahrradergometer, bei dem die Leistungsgrenze nicht überschritten wird, um eine Überlastung der Testperson zu vermeiden. Der Hollmann-Venrath-Test zeichnet sich durch einen geringen Zeitaufwand, ein Bezugssystem für den interindividuellen Leistungsvergleich durch zahlreiche Normwerttabellen sowie die einfache Durchführung aus. Abschließend wird die Durchführung der Ausdauertestung beschrieben und in Bezug auf die Ergebnisse der Testperson bewertet.

Hollmann-Venrath-Test

Der Test beinhaltet eine schrittweise Erhöhung der Belastung um 40 Watt alle drei Minuten, beginnend bei 30 Watt (Simon, 2016, S. 153), während die Trittfrequenz zwischen 60-80 Umdrehungen pro Minute gehalten wird. Die Testperson muss mindestens vier Stufen erreichen, um das Ergebnis des Tests als gültig anzuerkennen. Die Herzfrequenz wird alle Minuten gemessen und aufgezeichnet. Der Test endet, wenn die vorher festgelegte maximale Herzfrequenz erreicht wird. Die IPN-Methode wird verwendet, um die Herzfrequenz abzuleiten und die Testperson anhand von Alter, Ruhepuls und Trainingshäufigkeit zu bewerten. Dies stellt sicher, dass die relevanten Parameter des Tests berücksichtigt werden (Kettenis & Eifler, 2019, S. 68).

Tab.4: Voreinstufung nach Ruheherzfrequenz und Lebensalter (modifiziert nach Trunz, 2001; IPN, 2004)

Alter HF Ruhe	< 20	20-29	30-39	40-49	50-59	60-69	> 70
< 50 S/min	140	135	130	125	115	110	105
50-59 S/min	145	140	135	125	120	115	110
60-69 S/min	145	145	135	130	125	120	115
70-79 S/min	150	145	140	135	130	125	120
80-89 S/min	155	150	145	140	135	125	125
> 90 S/min	160	155	150	145	135	130	125

Tab. 5: Voreinstufung unter zusätzlicher Berücksichtigung der Trainingshäufigkeit ausdauerrelevanter Aktivitäten (modifiziert nach Trunz, 2001; IPN, 2004, S.4)

Trainingszustand	Trainingshäufigkeit/ Woche	Stunden/ Woche	Pulsaufschlag
Kein Ausdauertraining	keine einziges mal	0 Stunden	kein Aufschlag
wenig Ausdauertraining	1 - 2 mal	< 1 Stunde	kein Aufschlag
moderates Ausdauertraining	2 - 3 mal	1 - 2 Stunden	plus 5 S/min
viel Ausdauertraining	3 - 4 mal	2 - 4 Stunden	plus 10 S/min
sehr viel Ausdauertraining	> 4 mal	> 4 Stunden	plus 15 S/min

Wenn die festgelegte maximale Herzfrequenz während einer Belastungsstufe (nach einer oder zwei Minuten) erreicht wird, werden nur zwei Drittel der Wattleistung berechnet, wie in Kettenis & Eifler (2019, S. 74) beschrieben.

Testprotokoll

Die Tabellen 2 und 3 enthalten den kompletten Ablauf der Ausdauertestung sowie alle relevanten Parameter. Basierend auf diesen Parametern wurde eine maximale Herzfrequenz von 140 Schlägen pro Minute festgelegt. Darüber hinaus werden aufgrund des dreimal wöchentlich durchgeführten Ausdauertrainings für jeweils 20 Minuten zusätzlich 5 Pulsschläge pro Minute hinzugerechnet.

Tab. 6: Testrelevante Parameter (eigene Darstellung)

Geschlecht	Männlich	Blutdruck	123/85 mmHg	Belastungssteigerung	40 Watt
Alter	23 Jahre	Testform	Submaximal	Trittfrequenz	60-80 U/min
Gewicht	70 kg	Eingangsbelastung	30 Watt	Watt gesamt	160
Ruhepuls	60 S/min	Stufendauer	3 Minuten	Watt/kg	2,711

Dauer in Minuten	Belastungsstufe in Watt	Herzfrequenz (Schläge/ Minute)
1		76
2	30	80
3		82
4		86
5	70	89
6		100
7		110
8	110	116
9		120
10		133
11	150	140
12		-
13		-
14	190	-
15		-
Watt gesamt	160	

Bewertung der Testergebnisse

Die Testergebnisse des Ausdauertests eines Sportlers sind in Tabelle 7 aufgeführt. Basierend auf den wissenschaftlichen Normwerten in Tabelle 8 wird das Ergebnis bewertet. Der Sportler hielt seine Herzfrequenz stabil bis zur festgelegten Obergrenze von 140 Schlägen pro Minute. Sein Herz-Kreislauf-System passte sich gut an die Belastung anfangs an. Der Sportler erreichte insgesamt vier Belastungsstufen bis zu einer Leistung von 150 Watt. In der Mitte der fünften Belastungsstufe (150 Watt) erreichte er nach 2 Minuten (insgesamt 11 Testminuten) die maximale Herzfrequenz und beendete den Test. Der Normwert wird als Watt pro Kilogramm Körpergewicht (Watt/kg) berechnet. Der Sportler erreichte 160 Watt (140 Watt + (40 Watt : 2) = 160 Watt). Zur Bewertung des Ergebnisses wird die erreichte Leistung durch das

Körpergewicht des Sportlers geteilt, um eine relative Watt-Soll-Leistung von 2,71 Watt/

kg zu erhalten. Anhand der Normtabelle für submaximale Fahrradergometertests für

Männer in Tabelle 8 ergibt sich ein Belastungsfaktor von 0,64, was als moderate

Ausdauerleistung bewertet wird (mit einem Smiley gekennzeichnet). (Kettenis & Eifler,

2019, S. 76)

Tab. 8: Ausschnitt der Normtabelle für submaximale Fahrradergometertests - relative Watt-Soll-Leistung
(Watt/kg) bei Männern (modifiziert nach Institut für Prävention und Nachsorge, 2004)

Alter	< 30	30 - 34	35 - 39	Bewertung
Intensität				
0,62	2,40	2,28	2,16	/
0,63	2,60	2,47	2,34	1 Smiley
0,64	2,80	2,66	2,52	1 Smiley
0,65	3,00	2,85	2,70	1 Smiley
0,66	3,20	3,04	2,88	2 Smiley

1.3 Gesundheits- und Leistungsstatus der Person

Nach Abschluss der Diagnose wird die Testperson hinsichtlich ihrer Belastbarkeit und

Trainierbarkeit bewertet. Aufgrund ihrer Trainingserfahrung und ihrer gesundheitlichen

Unbedenklichkeit wird sie als durchschnittlicher Fitnesssportler eingestuft. Die

Testergebnisse sind gut und erlauben die Planung eines fortgeschrittenen

Trainingsprogramms, das Dauer- und Intervallmethoden beinhaltet (Kettenis & Eifler,

2019, S. 189). Der Blutdruck der Testperson wird als normal bewertet und ihr Ruhepuls

von 60 Schlägen pro Minute wird aufgrund der niedrigen Anzahl als optimal angesehen.

Beide Werte ermöglichen eine gute Belastbarkeit des Probanden.

2. Zielsetzung/Prognose

Für die Trainingssteuerung ist es von großer Bedeutung, klare Ziele zu setzen, um die Motivation des Sportlers zu erhöhen und das Training mit Disziplin und Fokus durchzustehen. Diese Ziele können hinsichtlich des Inhalts, des Ausmaßes und des Zeitrahmens definiert werden (Kettenis & Eifler, 2019, S. 44), wobei die Trainingsmotivation und die gesundheitlichen Voraussetzungen des Sportlers Einflussfaktoren sind. Eine sportartspezifische Zielsetzung kann durch submaximale Hollmann-Venrath-Fahrradergometertests kontrolliert werden. In diesem Fall soll die Wattleistung des submaximalen Tests innerhalb von 12 Wochen um eine neue Stufe verbessert werden, wobei der Belastungsfaktor von 0,64 auf 0,65 erhöht werden soll. Durch eine Gewichtsreduktion ist es möglich, die Watt-Soll-Leistung um eine Stufe des Belastungsfaktors zu verbessern. Der Sportler hat sich das Ziel gesetzt, innerhalb von drei Monaten sein Körpergewicht von 70 kg auf 68 kg zu reduzieren, indem er seine Ernährung umstellt. Abschließend soll der Blutdruck von 123/85 mmHg auf unter 120/80 mmHg innerhalb von 3 Monaten gesenkt werden, um den optimalen Bereich zu erreichen.

Tab. 9: Gegliederte Zielsetzung in Inhalt, Ausmaß und Zeit (eigene Darstellung)

Inhalt	Ausmaß	Zeit
Gewichtsreduktion	120/80 mmHg	3 Monate
Verbesserung der Ausdauerleistung und des Belastungsfaktors	Eine Stufe (von 0,64 auf 0,65)	12 Monate
Blutdrucksenkung	Systolisch zn 5 S/min Diastolisch um 3 S/min	3 Monate

3 Trainingsplanung Mesozyklus

3.1 Grobplanung Mesozyklus

Tab. 10: Grobplanung Mesozyklus (eigen Darstellung)

Dauer	6 Wochen, Vorbereitungsphase für die kommende Saison
Übergeordnetes spezifisches Trainingsziel	Grundlagenausdauer entwickeln, Verbesserung anaerober Ausdauer
Trainingsumfang/Woche	2 - 3 Stunden
Trainingshäufigkeit/Woche	2 - 3 mal/Woche
Trainingsmethoden	- REKOM - Extensive Dauermethode - Intensive Dauermethode - Variable Dauermethode - Extensive Intervallmethode - Intensive Intervallmethode
Belastungsintensitäten (Pulsober- und Untergrenzen)	-REKOM: 50 - 60% Hf_{max} -Extensive DM: 60 - 70% Hf_{max} -Intensive DM: 75 - 85% Hf_{max} -Variable DM: 60 - 85% Hf_{max} -Extensive IM: 80 - 90% Hf_{max} -Intensive IM: 90 - 100% Hf_{max}
Trainingsherzfrequenz	-Fahrrad: 83 -100 S/min 100 - 125 S/min 125 - 142 S/min 100 - 142 S/min 134 - 150 S/min 150 - 167 S/min

	-Crosstrainer/Laufband:
	93 - 112 S/min
	112 - 140 S/min
	140 - 159 S/min
	112 - 159 S/min
	150 - 168 S/min
	168 - 187 S/min
Trainingsdauer/ Trainingseinheit	REKOM: 40 Min. Extensive DM: 45 - 90 Min. Intensive DM: 45 Min. Variable DM: 40 - 50 Min. Extensive IM: 45 Min. Intensive IM: 25 Min.
Trainingsgeräte	Laufband, Fahrrad, Crosstrainer

Die Trainingsherzfrequenz wird gemäß der Formel des American College of Sports Medicine (ACSM) ermittelt. Hierbei wird die maximale Herzfrequenz (Hfmax X) mit der Intensität in Prozent multipliziert. Die Hfmax variiert je nach Art des Trainingsgeräts und wird daher unterschiedlich berechnet. Beim Fahrrad- und Laufbandtraining erfolgt die Berechnung durch die Formel 200 minus Lebensalter, während beim Crosstrainer die Formel 220 minus Lebensalter zum Einsatz kommt. (Kettenis & Eifler, 2019, S. 134)

3.2 Detailplanung Mesozyklus

Tab. 11: Mesozyklus Woche 1 (eigene Darstellung)

Woche 1	Mittwoch	Freitag
Trainingsziel	GA1/GA2	GA1/GA2
Trainingsmethode	Intensive DM	Variable DM
Trainingsintensität	75 - 85% Hfmax	60 - 85% Hfmax
Trainingsherzfrequenz	140 - 159 S/min	112 - 159 S/min

Trainingsdauer	35 min	35 min
Trainingsgerät	Laufband	Crosstrainer

Tab. 12: Mesozyklus Woche 2 (eigene Darstellung)

Woche 2	Montag	Freitag
Trainingsziel	GA1/GA2	GA1/A2
Trainingsmethode	Variable DM	Intensive DM
Trainingsintensität	60 - 85% Hfmax	75 - 85% Hfmax
Trainingsherzfrequenz	112 - 159 S/min	140 - 159 S/min
Trainingsdauer	40 min	40 min
Trainingsgerät	Crosstrainer	Laufband

Tab. 13: Mesozyklus Woche 3 (eigene Darstellung)

Woche 3	Montag	Mittwoch	Freitag
Trainingsziel	GA1/GA2	GA2	GA1/GA2
Trainingsmethode	Variable DM	Extensive DM	Intensive DM
Trainingsintensität	60 - 85% Hfmax	80 - 90% Hfmax	75 - 85% Hfmax
Trainingsherzfrequenz	112 - 159 S/min	134 - 150 S/min	140 - 159 S/min
Trainingsdauer	45 min	25 min	45 min
Trainingsgerät	Crosstrainer	Fahrrad	Laufband

Tab. 14: Mesozyklus Woche 4 (eigene Darstellung)

Woche 4	Mittwoch	Freitag	Samstag
Trainingsziel	GA2	Regeneration	GA2
Trainingsmethode	Intensive IM	REKOM	Extensive IM
Trainingsintensität	90 -100% Hfmax	50 - 60% Hfmax	80 - 90% Hfmax
Trainingsherzfrequenz	150 - 167 S/min	93 - 112 S/min	150 - 168 S/min
Trainingsdauer	20 min (10 Intervalle)	45 min	25 min
Trainingsgerät	Fahrrad	Crosstrainer	Laufen

Tab. 15: Mesozyklus Woche 5 (eigene Darstellung)

Woche 5	Montag	Mittwoch	Freitag	Samstag
Trainingsziel	GA2	GA1/GA2	GA2	Regeneration
Trainingsmethode	Intensive IM	Intensive DM	Extensive IM	REKOM
Trainingsintensität	90 - 100% Hfmax	75 - 85% Hfmax	80 - 90% Hfmax	50 -60% Hfmax
Trainingsherfrequenz	150 - 167 S/min	140 - 159 S/min	134 - 150 S/min	93 - 112 S/min
Trainingsdauer	20 min (10 Intervalle)	45 min	25 min	45 min
Trainingsgerät	Fahrrad	Laufband	Fahrrad	Crosstrainer

Tab. 16: Mesozyklus Woche 6 (eigene Darstellung)

Woche 6	Montag	Mittwoch	Freitag	Sonntag
Trainingsziel	GA2	GA1/GA2	GA2	Regeneration
Trainingsmethode	Intensive IM	Intensive DM	Extensive IM	REKOM
Trainingsintensität	90 - 100% Hfmax	75 - 85% Hfmax	80 - 90% Hfmax	50 - 60% Hfmax
Trainingsherzfrequenz	150 - 167 S/min	140 - 159 S/min	150 - 168 S/min	93 - 112 S/min
Trainingsdauer	25 min (12 Intervalle)	45 min	25 min	45 min
Trainingsgerät	Fahrrad	Laufband	Crosstrainer	Crosstrainer

Tab. 17: Details zum Belastungsgefüge Intervalltraining und Variable Dauermethode (eigene Darstellung)

	Variable Dauermethode		Extensive IM	Intensive IM	
Intervalldauer	3 min		60 - 90 Sek.	20 Sek.	
Anzahl der Intervalle	Max. 8	Max. 12	3 - 6	10	12
Belastungsbereich	Extensiv: 112 - 122 Hfmax 150 - 160 Hfmax				

Intervallpause	Puls - < 120 S/min	Puls - < 120 S/min	3 min	40 Sek.	
Gesamtbelastung	35 min.: - 5 min. Warm up - 25 min. Intervalle - 5 min. Cooldown	45 min.: - 5 min.Warm up - 35 min. Intervalle - 5 min. Cooldown	25 min.: - 5 min.Warm up - 15 min. Intervalle - 5 min. Cooldown	20 min.: - 5 min. Warm up - 10 min. Intervalle - 5 min. Cooldown	25 min.: - 5 min. Warm up - 12 min. Intervalle - 8 min. Cooldown

3.3 Begründung Mesozyklus

Hiermit kommt eine Beschreibung des Aufbaus des Mesozyklus, der sich an der individuellen Zielsetzung des Sportlers, seinem Leistungszustand und seiner Trainingsmotivation orientiert. Da der Proband einen guten Gesundheitszustand aufweist und Tests bestanden hat, gibt es keine Einschränkungen. Der Proband möchte seine anaerobe Ausdauer für sein Hobby Basketball verbessern, daher wurde der Trainingsplan an die Anforderungen dieser Sportart angepasst.

Im Basketball gibt es kurze intensive Phasen von Sprints mit und ohne Basketball, ständige Positionswechsel und mögliche Zweikämpfe, weshalb Intervalltraining und variable Dauerbelastung sehr gut geeignet sind. Mit den wechselnden Belastungsintensitäten beim Basketball muss die Ermüdungswiderstandsfähigkeit und schnelle Regeneration trainiert werden. Das Ziel ist, die anaerobe Schwelle zu verbessern, um den Laktatanstieg zu verzögern. Zudem möchte der Sportler seine Ausdauer trainieren und beginnt daher den Mesozyklus mit zwei Ausdauertrainingseinheiten. Je höher der Trainingszustand ist, desto größer sollte der Trainingsstimulus sein, um weitere Verbesserungen zu erreichen (Faude und Donath, 2019, S. 14). Deshalb werden alle zwei Wochen weitere Trainingseinheiten hinzugefügt, aber die maximale Trainingshäufigkeit beträgt vier Einheiten pro Woche. Der wöchentliche Belastungsumfang beträgt zwei bis drei Stunden, was durch die zwei bis vier wöchentlichen Trainingseinheiten gewählt wird.

Der Sportler trainiert bei der intensiven Dauermethode im Bereich der anaeroben

Schwelle (Dargatz, 2008, S. 44), während die variable Dauermethode die Umstellung

zwischen aerob und anaerob ermöglicht. Die Trainingswirkung wird hierbei die

Anhebung des Leistungsniveaus, Erweiterung der VO2 max, Verschieben der anaeroben

Schwelle und Glykogenspeichervermehrung sein (Dargatz, 2008, S. 44). Die variable

Dauermethode verbessert die Umstellung zwischen ein aerobar und gemischt aerob -

anaerober Energiebereitstellung (Kettenis & Eifler, 2019, S. 170).

Die extensive Intervallmethode verbessert das Herz-Kreislauf-System und die

Kapillarisierung der Skelettmuskulatur, während die intensive Intervallmethode die

aero-anaerobe Schwelle verbessert. Die Trainingswirkungen unterscheiden sich in der

Belastungsintensität, der Anzahl der Intervalle, Intervallpausen und der Intervalldauer.

Die Intervallmethode verbessert die schnelle Erholung, fördert die Schnelligkeit und

entwickelt die anaerobe Kapazität (Beck, 2020, S.100). Ab der vierten Woche wird

jeweils eine REKOM-Trainingseinheit zur Regeneration eingeführt, um Übertraining zu

vermeiden. Der Mesozyklus beinhaltet Umstellungen der Belastung in Form von

Belastungsintensitäten und Dauer. Damit jede Methode den Richtlinien aus Tabelle 7

entsprechen, werden diese Methoden bis sie zum Ender der 6 Woche gesteigert. Die

Trainingsgeräte werden abwechslungsreich ausgewählt. Die variable Dauermethode

wird auf dem Crosstrainer ausgeführt, während die intensive Dauermethode auf dem

Laufband durchgeführt wird, um die beteiligte Muskelmasse zu erhöhen und

Kalorienverbrennung zu fördern. Das Fahrrad wird für die intensive Intervallmethode

gewählt, um Abwechslung zum Laufen zu bringen.

4   Effekte des Ausdauertrainings bei Übergewicht/ Adipositas

Tab. 18: Literaturrecherche (eigene Darstellung)

Titel der Studie	„Aerobic or Resistance Exercise, or Both, in Dieting Obese Older Adults"	„Aerobic and anaerobic exercise training in obese adults"
Wer hat die Studie durchgeführt?	Villareal, D. T., Aguirre, L., Sinacore, D. R., Colombo, E., Gurney, A. B., Waters, D. L., Armamento-Villareal, R., & Qualls, C.	Alsenany, S., & Al Saif, A.
Publikationsjahr	18.Mai 2015	30.Juni 2015
Welche Probanden haben an der Studie teilgenommen?	- 160 übergewichtige ältere Menschen. - - Untersuchung der Wirksamkeit verschiedener Übungsmuster bei der Umkehrung von Gebrechlichkeit und der Verhinderung des Verlusts von Muskel- und Knochenmasse während der Gewichtsabnahme.	40 Übergewichtige Probanden: - Probanden haben keine kardiovaskulären, pulmonale, orthopädischen oder neurologischen Störungen. - im Alter zwischen 18 - 25 Jahren
Versuchsaufbau und Ablauf	Es wird ein zufälliges Zuordnungsverfahren angewendet, um die Teilnehmer entweder einem Gewichtsmanagement-Programm oder einem Trainingsprogramm zuzuweisen. Für die Trainingsprogramme stehen drei Optionen zur Verfügung: 1. Aerobic-Training 2. Krafttraining 3. Kombiniertes Aerobic- und Krafttraining Es gibt auch eine Kontrollgruppe, die kein Gewichtsmanagement- oder Trainingsprogramm erhält.	Es soll eine Einteilung in zwei Gruppen vorgenommen werden. Die Gruppe A wird für einen Zeitraum von drei Monaten ein Aerobic-Lauftraining durchführen, welches aus drei Einheiten pro Woche besteht. Zusätzlich wird eine Sitzung zu diätischen Maßnahmen abgehalten. Die Gruppe B hingegen wird für drei Monaten anaerobes Training mit drei Einheiten pro Woche durchführen. Auch diese Gruppe wird eine Sitzung zu diätischen Maßnahmen erhalten.

Ergebnis	Eine Studie mit 141 Teilnehmern wurde abgeschlossen. Das primäre Ergebnis dieser Studie ist die Veränderung des körperlichen Leistungstests nach 6 Monaten im Vergleich zur Ausgangssituation. Als sekundäre Ergebnisse wurden Veränderungen in anderen Bereichen wie Gebrechlichkeit, Körperzusammensetzung, Knochenmineraldichte und körperlicher Funktion gemessen.	In Gruppe A wurde eine Reduktion der mittleren Werte von Body Mass Index (BMI), systolischem Blutdruck, diastolischem Blutdruck und Herzfrequenz beobachtet, während die mittleren Werte der maximalen Ventilation (MVV) und der VO2 Werte anstiegen. Im Gegensatz dazu gab es in Gruppe B keine signifikante Veränderung der mittleren Werte von BMI, systolischem Blutdruck, diastolischem Blutdruck, Herzfrequenz und VO2-Maximalwerten. Allerdings wurde eine signifikante Erhöhung der mittleren MV-Werte beobachtet.
Schlussfolgerung	Die durchgeführte Studie zeigt, dass der effektivste Ansatz zur Verbesserung des Funktionsstatus von übergewichtigen älteren Erwachsenen und zur Steigerung der kardiopulmonalen Fitness die Kombination aus Gewichtsverlust, Aerobic- und Krafttraining ist, verglichen mit anderen getesteten Methoden.	Eine Untersuchung zeigt, dass bei übergewichtigen Personen Aerobic-Übungen effektiver sind als anaerobe Übungen, um das Körpergewicht zu reduzieren und die kardiopulmonale Fitness zu verbessern.

5   Literaturverzeichnis

Al Saif, A., & Alsenany, S. (2015). Aerobic and anaerobic exercise training in obese

adults. *Journal of Physical Therapy Science, 27*(6), 1697–1700.

Kettenis & Eifler, (2019). *Studienbrief Trainingslehre II- Gesundheitsorientiertes*

Ausdauertraining. Saarbrücken: Deutsche Hochschule für Prävention und Ge

sundheitsmanagement.

Beck, H. (2020). *Das große Buch vom Marathon: Lauftraining mit System.*

Stiebner Verlag GmbH.

Trunz, E. (2001). IPN-Test® – Ausdauertest für den Fitness- und Gesundheitssport. Köln, Institut für Prävention und Nachsorge.

Dargatz, T. (2008). *Fußball Konditionstraining: Kraft, Schnelligkeit, Ausdauer und Be weglichkeit.* Stiebner Verlag GmbH.

Faude, O., & Donath, L. (2019). Ausdauer und Ausdauertraining im Sport: Anwendungsbereiche, Diagnostik, Trainingsformen, Organisation, Methoden, Anpassungen. In A. Güllich & M. Krüger (Hrsg.), *Bewegung, Training, Leistung und Gesundheit* (S. 1–16). Springer Berlin Heidelberg.

Janssen, P. G. J. M. (2003). *Ausdauertraining: Trainingssteuerung über die Herzfrequenz- und Milchsäurebestimmung* (3. überarb. u. erw. Aufl.). Spitta-Verl.

Williams, B., Mancia, G., Spiering, W., Agabiti Rosei, E., Azizi, M., Burnier, M. et al. (2018). 2018 ESC/ESH Guidelines for the management of arterial hypertensionThe Task Force for the management of arterial hypertension of the European Society of Cardiology (ESC) and the European Society of Hypertension (ESH). *European Heart Journal, 39* (33), 3021–3104.

Simon, A. (2016). Maximaler Muskelaufbau & Maximale Kraftsteigerung ohne Anabolica! BoD – Books on Demand.

Villareal, D. T., Aguirre, L., Gurney, A. B., Waters, D. L., Sinacore, D. R., Colombo, E., Armamento-Villareal, R., & Qualls, C. (2017). Aerobic or Resistance Exercise, or Both, in Dieting Obese Older Adults. *The New England journal of medicine, 376*(20), 1943–1955.

6   Tabellenverzeichnis